एहसासों का बेबाक सफ़र

"हर एहसास में छुपी एक कहानी...."

Ritu Yadav

BookLeaf Publishing
India | USA | UK

Made with ❤ on the BookLeaf Publishing Platform
www.bookleafpub.in
www.bookleafpub.com

Dedication

सबसे पहले मैं श्रीकृष्ण जी को कृतज्ञता अर्पित करती हूँ,
जो हर परिस्थिति में मेरी शक्ति, मेरा संबल और मेरी प्रेरणा बने रहे।

यह किताब मेरी ज़िंदगी के अनुभवों से उपजे उन भावों की
अभिव्यक्ति है,
जो समय के साथ भीतर गहराते गए।
मुझे लिखने की प्रेरणा मेरी बहन से मिली –
जिसने मेरे बचपन की कुछ रचनाएँ पढ़कर
मेरे भीतर छिपे शब्दों को पहचानने का हौसला दिया।

संवेदनशीलता मेरी पहचान बनी,
और लोगों की भावनाओं को महसूस कर उन्हें शब्द देना, मेरा उद्देश्य।
यह पुस्तक समर्पित है उन सभी एहसासों, रिश्तों और पलों को,
जिन्होंने मुझे भीतर से गढ़ा, संवारा, और एक कवि बना दिया।

Preface

"एहसासों का बेबाक सफ़र" सिर्फ एक काव्य-संग्रह नहीं है, बल्कि हर पन्ने पर बसी एक अनकही कहानी है। यह कहानियाँ आपस में जुड़ी हैं—जैसे जीवन के पड़ाव आपस में जुड़े होते हैं। यदि ध्यान से पढ़ा जाए, तो यह पुस्तक एक जीवन-यात्रा बनकर उभरती है—जिसमें हर पाठक कहीं न कहीं खुद को पाएगा।

यह संग्रह उन एहसासों की परछाई है, जिनसे हम सभी कभी न कभी गुज़रते हैं—टूटते हैं, बिखरते हैं, फिर खुद की ओर लौटते हैं और एक नई राह चुनते हैं। इन कविताओं में वही भावनाएं संजोई गई हैं, जो अक्सर शब्दों से परे होती हैं, पर दिल के सबसे करीब होती हैं।

कविताएं यहाँ केवल छंद नहीं, बल्कि वे एहसास हैं जिन्होंने कभी मुझे भीतर तक झकझोरा, संभाला और फिर शब्दों में ढलकर आपके सामने आया। हर पंक्ति किसी न किसी मन की सच्चाई कहती है—बेबाकी से, बिना किसी बनावट के।

यह संग्रह उन सभी के लिए है जो जीवन को महसूस करते हैं, समझते हैं और उसे खुलकर जीने की चाह रखते हैं।

–रितु यादव

Acknowledgements

सबसे पहले, मैं श्रीकृष्ण जी की असीम कृपा और आशीर्वाद के लिए नतमस्तक हूँ, जिन्होंने मुझे इस कला से नवाज़ा। उन्हीं की प्रेरणा से मेरे अनुभवों को शब्द मिले, संघर्षों को दिशा मिली, और हर दर्द ने शक्ति का रूप धारण किया।

मैं अपने परिवार के प्रति भी गहन कृतज्ञता व्यक्त करती हूँ, जिनके जीवन-संघर्षों की कहानियाँ सुनते-सुनते मैं बड़ी हुई। उन्हीं अनुभवों ने मुझे संवेदनशीलता दी, देखने का नया नज़रिया दिया और लिखने की ताक़त दी।

मैं उन चुपचाप बीते पलों की भी आभारी हूँ, जिन्होंने अनकहे शब्दों को जन्म दिया। और उन टूटे हिस्सों की भी, जिन्होंने मेरे भीतर की आवाज़ को तेज़ किया।
एक विशेष धन्यवाद उन पाठकों को, जो मेरे शब्दों में अपनी कहानी खोजेंगे। आप ही मेरी रचना के असली हिस्सेदार हैं।

यह "बेबाक सफ़र" आपका भी है, क्योंकि एहसास कभी अकेले नहीं चलते।

– रितु यादव

1. हर पन्ना एक कहानी

शख्सियत ज़िंदगी की किताब सी,
कभी पन्ने पलटती तेज़ हवाओं सी,
कभी कुछ पन्नों पर ठहर जाती,
उन लम्हों में जैसे कहीं खो जाती।

वो पन्ने यादों में कहीं सिमट जाते हैं,
साए बनकर हर पल संग चलते हैं,
कभी सबक बनकर राह दिखाते हैं,
कभी दिल में चुपचाप कसक छोड़ जाते हैं।

कुछ पन्ने बेवजह फड़फड़ाते हैं,
बिना कहे भी बहुत कुछ जता जाते हैं,
कुछ यूँ ही चुपचाप बिखर जाते हैं,
जैसे कोई दास्तां अधूरी छोड़ जाते हैं।

कुछ पन्ने यूँ ही अधूरे रह जाते हैं,
जिन्हें पढ़ने की हिम्मत कोई जुटा नहीं पाता,
कुछ पन्ने सिसकियों में सिमट जाते हैं,
जिनका दर्द कोई समझ नहीं पाता।

शायद हर शख्स की किताब अधूरी होती है,
कुछ पन्ने खुदा ने यूँ ही कोरे छोड़े होते हैं,
ताकि ज़िंदगी खुद अपनी कहानी लिख सके,
और आखिरी पन्ना सिर्फ़ वक्त ही पूरा कर सके।

2. वक़्त उँगली थामे चला....

मौन से किलकारी तक की कहानी,
अक्षर से चढ़ी शब्दों को परवानी,
अब एहसास और जज़्बात की अपनी कहानी,
इबारत से खामोशी तक की ज़ुबानी।

बकैया से शुरू हुआ सफ़र,
तालमेल बैठा नन्हें कदमों पर।
अब हर कदम पर संघर्षों का कहर,
पथरीली राहों का हर मोड़ पर बसर

बदलते मौसम सी थी रंगीन नज़ाक़त,
थकान में थी बेफिक्री सी इबादत।
अब मिज़ाज़ फ़िक्रमंद और मौसमी आदत,
फुर्सत में भी थकन भरी आफ़त।

नानी दादी के थे किस्से पुराने,
सीख सबक के थे पिटारे सुहाने।
अब समझ आते हैं वो अफसाने,
पहेली ज़िंदगी की जब लगे बुझाने।

खट्टी मीठी यादों से भरे बालपन में,
पनपते थे शौक कभी बड़े होने के।
अब नासमझ पलों में खोकर फ़िर से,
काश लौटा आते दिन वो बचपन के।

अपनों के संग वो बेशकीमती शामियाने,
लगते थे जैसे मोहब्बत के पैमाने।
अब वो शामियाने सूने रह गए,
क्योंकि हम सब बड़े हो गए।

3. सपनों की परछाई

इंद्रधनुषी रंगों से सजी थी मन की गागर,
ख्वाबों से लिपटी थी स्वप्निल धरोहर,
कभी ख्वाहिशों के आगोश में जिया करती,
बेवक्त लबों पर हंसी खिलखिला उठती,
हां, एक लड़की कभी सपनों में जिया करती।

सच्चे मन की चंचलता रखती,
ग़ैरों को भी अपना लेती,
प्रेम से भरपूर प्रेम ही देती,
संतुष्टि से परिपूर्ण रहती,
हां, एक लड़की कभी सपनों में जिया करती।

खुद से मोहब्बत किया करती,
गमों को थाम खुशी में तब्दील करती,
मोहब्बत के लिए मोहब्बत का इंतजार करती,
परिवार के लिए सदा रज़ामंद रहती,
हां, एक लड़की कभी सपनों में जिया करती।

सपने टूटे, अपने छूटे, गुंज उठी शहनाई,
दूर हुई मुझसे मेरे अस्तित्व की परछाई,

जो कभी एकांत में भी खुश रहा करती,
आज भीड़ में भी तनहा तनहा फिरती,
हां, एक लड़की कभी सपनों में जिया करती।

सफर का साथी हमसफर तो मिला,
पर उस हमसफर में हमदम ना दिखा,
दिन कटते, रातें गुज़र ज़ाया करती,
दिल-ओ-जज़्बात के एहसास को महसूस नहीं करती,
हां, एक लड़की कभी सपनों में जिया करती।।

4. झुलसती भावनाएं

जो कभी एक नज़र देखने को बेकरार रहता,
आज हमारे साए से भी पर्दा करते।
होती चाहे जिसकी भी खता,
सदा हम ही मनुहार करते।।

मनुहार करते-करते सबब बन गया,
हर दफा हमसे ही पहल की चाहत में।
वह अहम की आग में लिपटा हुआ,
हमारी भावनाओं को झुलसाने लगे।।

अबकी स्वाभिमान ने दामन थाम लिया,
अब ना करो अपने अस्तित्व के टुकड़े।
अहम की चपेट में जिसने रूह को ना देखा,
वासना से आसक्त वो प्रेम को क्या समझे।।

आरज़ू उनकी हमसे फ़िर दिल लगाना,
पर पहल हम ही से हैं चाहते।
मीलों फ़ासले हैं हमारे दरमियाँ,
जाने क्यूँ फ़िर भी आस हैं लगाये।।

5. सोच का बवंडर

सोचता हूँ, सोचता ही जाता हूँ,
हर बात के पहलू में उलझता जाता हूँ।
पल-पल के सवालों में खोता हूँ,
कभी ठेहरा कभी दौड़ता सफ़र हूँ।

हर नज़र में कुछ तलाशने की आदत,
कभी यादों में, कभी ख्यालों में राहत।
जो हुआ, क्यूँ हुआ या कुछ ग़लत हुआ,
विचारों के समंदर में फिर अकेला हुआ।

दिल की आवाज़ दब जाती है शोर में,
मन की शांति कहीं खो जाती है ओट में।
कभी खुद को सुलझाने की चाह में,
खुद ही उलझ जाता हूँ राह में।

सोच का बवंडर थमता नहीं कभी,
दुख का कारण बनना नहीं चाहता कभी।
अंसुलझी पहेलियाँ जब उभर आती हैं कहीं
तब ज़िंदगी का चेहरा छुपा सा लगता है कहीं।

6. फिर भी जुड़े हैं

कभी बेबाकी से बेबात बोल देते हैं,
कभी अनचाहा गुस्सा झकझोर देते हैं,
होने पर ग्लानि क्षमा भी मांग लेते हैं,
कटाक्ष शब्द जब दिल तोड़ देते हैं,
फीकी वाणी से तब मुंह मोड़ लेते हैं।

पर अंदर ही अंदर ये मन तड़पता है,
न चाह कर भी खुद को ही कोसता है।
पलकों की ओट में आंसू छुपा लेते हैं,
मुस्कुराहटों से दर्द सजा लेते हैं।

हर बार रिश्तों की इस दरार में,
फिर से जुड़ने की आस पाल लेते हैं,
मोहब्बत की डोर से बंधे रह जाते हैं,
न चाह कर भी, एक-दूसरे से जुड़े रह जाते हैं।

7. विलुप्त एहसास

वक़्त ही कराता है वक़्त से शिकस्त,
दरमियाँ हैं फ़ासले पर दिलों में है नज़ाक़त,
कभी नजदीकियों से होती थी बगावत,
अब ख्वाहिश में है टूटे दिलों की हिफाज़त।

कतरा कतरा दिया दिल को घाव,
मरहम दर मरहम लगाते रहे प्रेम का भाव,
रौंदते चले गए मेरे हर एहसास पर ताव,
लम्हा दर लम्हा खोता रहा उल्फ़त का स्वभाव।

शब्दों में लिपटकर अश्रु ने दम तोड़ा,
सिमटकर जज़्बातों ने मौन से नाता जोड़ा,
चाहतों के परिंदे अब चाहत से मुक्त हुए,
अहम की आग़ोश में एहसास भी विलुप्त हुए।

नासूर ज़ख़्मो पर अब मरहम क्या लगेगा,
हर निशान अपनी अनकही दास्ताँ कहेगा,
हर मोड़ पर तेरी राह तकने वाला,
अलविदा लेगा उन राहों पर साथ चलने वाला।

8. हक़ीकत का आईना

जैसा सोचा, वैसा हुआ नहीं,
जैसा हुआ, वैसा सोच न सके।
ख्वाहिशें तो दिल में मचलती रहीं
मगर तकदीर के खेल समझ न सके।

ख्वाबों का कारवां आगे बढ़ता रहा,
फर्ज़ की ज़ंजीरों में ज़मीर जकड़ा रहा,
दिल के किसी कोने में दर्द सिमटता रहा,
हर उम्मीद एक नया सवाल करता रहा,

जो पास है, उसे अपनाया नहीं
जो मिला नहीं, वो याद बनकर साथ रहे।
सबको सब कुछ मिलता नहीं,
आसमां की चाह में ज़मीं को भी नकारते रहे।

जो अधूरा है, वही तक़दीर-ए-आज़माइश है,
वहीं से नए ख्वाबों का आगाज़ है।
जो नहीं मिला, वही तालीम-ए-इल्म है,
ख्वाहिशों में भी जीने का अंदाज़ है।

अगर हर ख़्वाब मुक्कमल हो जाता,
तो चाहत का जादू फीका पड़ जाता,
दर्द ही तो है जो रूह को है छूता,
वरना इंसान सिर्फ पत्थर रह जाता।

हकीकत और ख्वाहिशों का अजब रिश्ता है,
हर कदम पर कुछ नया दिखाता है।
मंज़िल तो बस एक बहाना है,
सफर ही असल में जीना सिखाता है।

9. खामोशी

अंधेरी रातों में, तन्हा दिल बेचैन रहता हैं,
खामोशी की लय में, डुब जाता है,
हर लम्हा इक किस्सा कह जाता है,
अनसुलझे सवालों का सैलाब लाता है ।

तमन्नाओं का गुलिस्तां तो है, पर आबाद नहीं,
टूट रही शाखाएँ दरख़्तों से, पर आवाज़ नहीं,
अनकहे सिमटते जज़्बात तो है, पर अल्फ़ाज़ नहीं,
मर्यादाएं सीमित है दायरों में, पर एहसास नहीं।

दर्द भरी सिसकियों में, दर्द का निशां नहीं,
है फ़कत जो कहानियाँ, अश्कों से बतला रहीं,
भीतर ही भीतर डूब रहे, इसका भी इल्म नहीं,
लिपटी हुई तनहाइयां, रातों को सुला रहीं।

10. कुछ बातें यूँ ही...

बातें अक्सर बहुत कुछ कह जाती हैं,
एहसासों में सराबोर कर जाती हैं,
यादगार लम्हों की वजह बन जाती हैं,
अनचाहे ही दिल के करीब आ जाती हैं,
बेवजह मुस्कुराने की वजह बन जाती हैं।

बातों से ही बात आगे बढ़ जाती है,
अनकहे रिश्तों की डोर बुन जाती है,
पहले सीरत फिर सूरत बन जाती है,
बिन देखे ही तस्वीर बना जाती है,
फ़ासलों के मायने बदल जाती है।

बातें शब्दों का विस्तार बन जाती हैं,
लफ़्ज़ों की मिठास में डूबा जाती हैं,
अल्फ़ाज़ों की पतवार बना जाती हैं,
भावना की गहराइयों में उतर जाती हैं,
अनजाने ही आदत में शुमार हो जाती हैं।

बातें अतिथि बन कर कसक छोड़ जाती है,
और कभी परेशानी का सबब बन जाती है,

दोनों ही हालातों में भीतर तक निचोड़ जाती है,
रह गुज़र अक्सर याद आ जाती है,
नयनों के कोने से अश्रु छलका जाती है।

11. लगाव की डोर

लगााव जब किसी से ज्यादा हो जाता है,
तो बस उसी की धुन में दिल खो जाता है।
हर सांस, हर ख्याल, बस वही रहता है,
जैसे उसकी यादों से कोई रिश्ता बुनता है।

पर एक वक्त आता है जब साथ छूट जाता है,
वो जो अपना लगता था, दूर हो जाता है।
फिर अंदर से कुछ टूटने सा लगता है,
दिल तो बचता है, पर मन बिखर जाता है।

जिन राहों पर कभी हाथ थामे चले थे,
अब वही रास्ते अकेलेपन से भरे लगते हैं।
उस खामोशी में जो पहले सुकून था,
अब वहीं सन्नाटा एक चीख बन जाता है।

इस टूटन में खुद को ढूंढते हो,
मन में एक जंग हर दिन लड़ते हो।
सपनों का महल जो कभी बनाया था,
अब उसी की रेत से खुद को ढकते हो।

कहते हैं, "वक्त सब ठीक कर देगा,"
पर जो अंदर टूट चुका, उसे कौन जोड़ पायेगा?
लगााव की डोर जब टूटती है,
मन कहीं न कहीं, हमेशा बिखरता है।

12. निशब्द डोर

दो दिल से बना एक रिश्ता,
चाहे मन का हो या बेमन का,
जुड़ गया बंधन डोर का,
पसंद से पनपा प्रेम प्रसंग का।

मीत बना जो दिल का,
तो मन रह गया अकेला,
दिल दिमाग़ साझेदारी का हिस्सा,
मन रह जाता खामोश किस्सा।

मन को मन का संग मिला,
तो मन चला उसी ओर खिंचा,
दिल-ओ-ज़हन कि जद्दोजेह का,
मन पर ना पड़ा असर किसी का।

मन ने रूहानियत को जाना,
सही मायने में प्रेम को पहचाना,
रूह से रूह का वास्ता हो जाना,
अन्कहें एहसासों का छू जाना।

प्रेम कि है अपनी एक व्यथा,
सोच समझ से परे ये कथा,
ना बंधन ना दायरों का रिश्ता,
मन ही मन रंग जाता किस्सा।

13. नज़रों की ज़ुबां

कुछ शब्द, शब्दों में गुम हो जाते हैं,
जैसे एहसास डोर में उलझकर रह जाते हैं।
अधरों तक आकर भटकने लगते हैं,
जैसे पतंगें हवा के रुख से बदलते हैं।

ओढ़ खामोशी मन को सहलाते हैं
आज नहीं, फ़िर कभी की उम्मीद दे जाते हैं,
अनकहे अल्फ़ाज़ ही जज्बात बन जाते हैं,
लहज़ा लफ़्ज़ों का समझ नहीं पाते हैं।

नयनों की भाषा बस नयन समझते हैं,
नज़रों को ही दिल का आईना कहते हैं,
दीदार खामोशी से जो निग़ाहों का करते हैं,
अश्रु संग हर शब्द को महसूस करते हैं।

14. फ़ासला

दरमियान जो ख़ामोशी है, वो कहती तो बहुत कुछ है,
कभी उलझी सी परछाई है, कभी यादों की सरगम है।

लब खामोश हैं मगर दिल में हलचल बेहिसाब है,
अनकही बातों में छुपा कोई अधूरा सा ख्वाब है।

कभी ये दूरी मजबूरी है, कभी अहंकार की सजा,
कभी लगता है तू पास ही है, कभी तू सबसे जुदा।

आँखों में सवाल हैं, जवाब कोई देता नहीं,
दो दिल हैं करीब मगर रिश्ता अब वैसा नहीं।

शायद ये चुप्पी भी इक ज़रिया-ए-बयाँ होगी,
या फिर ये ख़ामोशी ही आखिरी दास्तां होगी।

15. यादों का सफ़र

यादें दिल के कोने में चुपके से बस जाती है,
भीड़ में गुमसुम खामोश सी रहती है,
तन्हाई के आलम में साए सी लेहराती है,
वो लम्हें जिनकी छाप हमेशा दिल में रहती है ।

कभी आँखों से पानी बनकर बहती है,
कभी लबों पर मुस्कान बनकर खिल उठती है,
कभी इंतज़ार बनकर राह तकती है,
कभी एतबार बनकर उम्मीद में रहती है।

यादें किसी के होने का एहसास कराती है
जो वक़्त के साथ और अमुल्य हो जाती है,
प्यार का एहसास, जुदाई कि कसक दे जाती है,
जितनी दूर चलें, बस याद रह जाती है।

यादें गीतों के शब्दों को महसूस कराती है,
जो दिल कि गहराइयों तक छू जाती है,
ज़िंदगी के सफर में साथी बन जाती है,
हर वक़्त हर लम्हा याद आती है।

16. हबीब-ए-काग़ज़

आए जो नींद तो नैना बोले,
अश्कों से कहते यादों के कोने ।
छवि जो बसी है नयनन में,
उकेरूं कलम से काग़ज़ में।

मन का दरिया बुनता रहा किनारे,
शब्द डूबते रहे जज़्बातों के सहारे।
हबीब-ए-काग़ज़ पर दर्द बिखरता गया,
एहसास-ए-कलम हर राज़ कहता गया।

बेचैनी का जाल अब ढलने लगा,
हौले-हौले सुकून भी चलने लगा।
नयन अब फिर नींद को पुकारें,
शयन को भी अब झपकी से शिकवे।

फ़िर मुझको तुम इल्ज़ाम ना देना,
ना रात भर तुम करवट लेना।
पलकों की चादर ओढ़ कर,
तू यूँ ना तांका झाँकी कर।

हर पैमाने का तू हयात-ए-सबब,
हर रात का तू ही मीत-ए-शब।
ए निद्रा अब आग़ोश में भर ले,
लम्हों की बाँहों में फ़नाह कर दे।

17. वो एक मुसाफ़िर

हमारी शख्सियत से रूबरू होकर जो भी गुज़रा,
सूरत से सीरत तक का सफ़र जिसने भी तय किया,
गुफ्तगू में जिसने भी अपने ग़म में शरीक किया,
सहेज के रखा भीतर सदा उन राज़ों को खुफिया।

माना की मिज़ाज़ रखते हैं हम चंचलता का,
दर्द को भी अंदाज़ा नहीं हमारी मुस्कुराहट का,
गहराई भावनाओं की बखूबी समझ लेते हैं
खामोशियों के कुछ पन्ने भी पढ़ ही लेते हैं।

महज़ इतेफ़ाक़ देखो हमारी सोहबत का,
जो भी तआरूफ़ हुआ दिल तक आना चाहा,
पर उन चाहतों को चौखट के बाहर ही रखा,
दिल के फाटक को हमेशा मेहफ़ूज़ रखा।

अंजानी राहों में एक ठेहराव सा आया
मन के दरिया में कोई मनचाहा गोते लगा गया,
वो मुसाफिर लगाव का रहस्यमय जाल बून गया,
फ़ांस कर जाल में ख़ुद वो एक पहेली बन गया।

यादों की मझधार में हमें डुबो गया,
साथ में सीख और सबक दोनों सौंप गया,
राहों में यूँ तो और भी मिलेंगे हम जैसे,
पर हम वो अंदाज़ हैं जिसे भुला ना सकोगे।

18. मैं—ख़्वाब से हक़ीक़त तक

कभी ख्वाबों में जिया करती,
कभी हर लम्हा अठखेलियाँ करती।
मासूम दिल कि नादानियां तो देखो,
हक़ीक़त में रहकर कहानियों में जिया करती।।

हक़ीक़त से मुखातिब हुए जज़्ब,
आँखें नम हुईं हर पल तब।
लफ़्ज बन गए खामोश लब,
नक़ाब उतरे चेहरों से जब।।

शांत समुंद्र के तूफ़ाँ को देखा,
हर पहलु कि बारीकी को समझा।
झेल तूफ़ाँ को शख्सियत का रूप देखा,
अपने अस्तित्व का भी नया स्वरूप देखा।।

है मौसम की गुज़ारिश मुझसे,
ख़ुद को गले लगा ले खुदसे।
है मौसमों सी रंगत तुझमें,
बहती फिज़ा को ढूँढू खुदमें ।।

कभी बिखरी, कभी सिमटी मैं,
कभी धूप, कभी छाँव-सी निकली मैं।
टूट कर भी खुद को समेट लिया,
हर दर्द को लफ़्ज़ों में समाहित किया।।

अब ख्वाब सिरहाने नहीं, आँखों में रखूंगी,
हर मोड़ पर खुद को पूरा जीऊंगी।
कहानी नहीं, किरदार बन जाऊंगी,
ज़िन्दगी की हर सतह पर अपनी छाप छोड़ जाऊंगी।।

19. ख़ुद से रूबरू

खामोश नज़रें जब देखती हैं आईना,
ख़ुद से मुखातिब जब होते हैं नयना।
रूबरू कराता है सच से, दिल का कोना,
किसी और का होने से पहले, ख़ुद का होना ।

रहगुज़र कभी ख़ुद को ख़ुद से तआरुफ़ कर,
जज़्बातों का अपने शिद्दत से दीदार कर।
लोगों की नहीं, खुदा की नज़रों से देखो,
खूबियों को अपने सिर का ताज बना लो।

पतझड़ से पूछ वसंत का पयाम,
दरख़्तों से पूछ फूटे बीज का मुक़ाम।
भावनाओं में बहकर ना भाव को थाम,
खामियों को तराश कर तू दे इनाम।

मेहरूम से मरहम तक का सफ़र हो,
अपनी सोहबत का इस कदर बसर हो।
भले मेहफ़िलों में शामियाने का दस्तूर हो,
पर अपनी रूह का तू स्वयं ही नूर हो।

20. जज़्बातों की रिहाई

कुछ शब्द एहसासों की कैद में,
बंधे रह जाते दिल की भीतरी दीवारों से।
कहना चाहते, पर कह नहीं पाते,
साझा करे किस से, वो दर्द भरे किस्से।

मन में उठती भावों की तरंगे हैं,
आपस में ही जूझ रही चितरंगे हैं।
ना रिश्ता, ना कोई नाम चाहता है
बस जज़्ब बयाँ करने का नज़राना ढूंढता है।

जहाँ गुजरते थे लम्हें अपनों की कशिश में,
शब्द अब खामोश हैं वक़्त की रफ़्तार में।
बिखरे टूटे मन को एहसासों ने सँवारा,
बनकर छड़ी कलम ने दिया लफ्ज़ों को सहारा।

अल्फ़ाज़ अब रिहाई का जशन मनाते है
हबीब ए काग़ज़ को अपना मीत बताते है।
मुक्त हुए शब्दों को लेखनी ने संजो लिया,
हार को भी हार से जीत का पैग़ाम दिया।

21. जी हाँ, मैं कवियित्री हूँ

अल्फाज़ों की स्याही से कोरे काग़ज पर उतारती हूँ,
जज़्बातों को अपने शब्दों मे पिरोती हूँ,
दर्द-ए-दिल के राज़ उन पन्नों से कहती हूँ,
उल्लास भरे पलों को भी साझा करती हूँ,
जी हाँ, मैं कवियित्री हुँ।

लफ़्ज़ों से अपने किसी को प्रोत्साहित करती हूँ,
तो कभी भटके हुए को राह दिखाती हुँ,
मै अंधेरों में जलती वो शमां हूँ,
जो रौशन दिलों को विचारों से करती हूँ,
जी हां, मैं कवियित्री हूँ।

कभी दर्द भरे एहसासों को छु लेती हूँ,
कभी नम आंखों में उम्मीद जगाती हूँ,
कभी प्यार भरे एहसासों को ज़ुबान देतो हूँ,
विचारों को संजीदगी से अल्फाज़ देती हूँ,
जी हाँ, मैं कवियित्री हूँ।

कभी कागज पर कभी लफ्जों से बयां करती हूँ,
त्योहारों को शब्दों से सजाती हूँ,

हर लमहे को ख़ास बनाती हूँ,
हबीब-ए-कागज़ को अपने करीब पाती हूँ,
जी हां, मैं कवयित्री हूँ।

www.ingramcontent.com/pod-product-compliance
Lightning Source LLC
LaVergne TN
LVHW050825051026
849532LV00008B/3114
* 9 7 8 9 3 7 2 1 3 9 0 9 9 *